医療アートメイク教本

深谷元継
鶴舞公園クリニック院長
医療アートメイク学会理事

目　次

はじめに

　本邦ではアートメイクは医行為であり、医師および医師の指示を受けた看護師のみがこれを施術することが出来る。

　これは決して世界標準では無い。たとえばアメリカではアートメイクはタトゥーと同じ扱いであり、州の免許を得れば医療資格が無くても合法的に施術できる。日本と同じくアートメイクを医行為と定めている国は筆者の知る限り韓国だけである。

　日本ではアートメイクは医行為とされている一方、タトゥーは医行為ではない。針を刺して色素を皮膚に入れるという物理的行為としては同じであるにも関わらずである。両者の違いを明快に答えられる人はいないだろう。

　もともとエステサロンなどで無資格者によって行われていたアートメイクに対して、警察庁が厚生労働省に「これは医行為ではないのか？（医師法に違反する取り締まりの対象ではないのか？）」という疑義照会を行い、厚労省が「アートメイクは医行為である」と回答したことが事の始まりである。厚労省の回答を受けて、無資格者によるアートメイク施術が次々と摘発された。その延長線上・拡大解釈として、タトゥーの彫り師もまた医師法に違反しているとして摘発されるようになった。これに対して彫り師が訴訟を起こし、最高裁にて「アートメイクは医行為だがタトゥーは医行為には当たらない」との判決が確定した。そのような経緯である。

　アートメイクが医行為か否かは、このように行政による規制の問題である。そしてタトゥーとの線引きも難しい。タトゥースタジオで、眉の形をした色素を入れて「これはアートメイクでは無く眉の形をしたタトゥーだ」と主張したときの司法の判断はまだ出ていない。

　この問題をいったん離れよう。とにかく日本では、アートメイクは医行為であるとされた。そして従来アートメイクを施術していた無資格者たちは違法とされ駆逐された。しかしアートメイクの需要は存在する。

　ここをビジネスチャンスと考える医師や看護師、あるいはアートメイク専門院を展開しようと考える事業家も登場した。

　筆者は決してそのような考え方を否定するものでは無い。自由診療、とくに美容医療が営利を目的としても何の問題も無い。しかしその内容はどうだろうか？それまでの非医療者の施術を踏襲するだけで、色素の成分や滅菌方法にも無頓着な、およそ医療の名のもとに行われているとは言い難い実態が存在してはいないだろうか？

　滅菌ガウンや手袋をして恰好だけは医療行為の体裁を取り、しかし使用する色素は従来と同じ海外からの輸入品で、滅菌されている保証も無く、なおかつ成分内容すら十分に把握していない、そのような施術が医行為の名に値するだろうか？

　アートメイクがアメリカのように非医療者による施術とされたままであったなら、筆者はこのような嘆きを抱かない。しかし、本邦ではアートメイクは上述の経緯で医行為とされた。それならば医行為にふさわしく、従来のアートメイク施術に対する検証と修正がなされるべきである。

　筆者はこの数年、元皮膚科医としての知識と経験を生かして、アートメイク用の色素の自作

1

に取り組んできた。あわせてこれまた海外からの個人輸入に頼ってきたアートメイク用麻酔薬の調整と、アートメイク施術に伴い起こりうる合併症についての文献的検索も重ねてきた。

本書はそれらの知見を、現在アートメイクの施術に携わっている、あるいはこれから携わろうとする医師や看護師に情報提供することを目的としたものである。我々医療者にとって新しいマーケットであるアートメイクの健全な発展のためである。

アートメイクは、とくに看護師にとっては、医師の指示のもとに行われるとは言っても、最初から最後まで完結して携わる事ができて、さらにはデザイン性やセンスが求められるという意味でも、やりがいのある仕事であろう。最近では「アートメイク看護師になりたい」と考えて看護学校に入学する人もいると聞く。

自らはアートメイクを施術せずに、看護師に指示する医師も増えるだろう。看護師が安心してかつ誇りをもって医行為としてのアートメイクを施術できるような環境を整えてやることは医師の最低限の責務である。

デザインや技法・テクニックについては、このような書籍で伝えるには限界があるかもしれない。上手な人の施術の見学を繰り返すなどして、自己研鑽に励むべきであろう。

アートメイク施術を志す者は三つの段階を踏む必要がある。

第一は情報を座学として脳に叩き込むこと、第二は実際に施術している現場を繰り返し見学してイメージトレーニングすること、第三は実際に施術することである。

アートメイクの講習会は、いくつかの団体によって開催されているようであるが、忙しい医療者にとって、指定された日時に赴くことはなかなか困難である。また第一と第二の段階を区別することなく、教習コースが組まれているようにも思える。

本書は第一の段階を、講習会に赴くことなく、忙しい日常の業務の間に出来る限りの事前学習を可能にすることを目的として作成された。

本書によって医療アートメイクについての基礎知識を学習し、ネット上で提供されている「医療アートメイク検定」問題を解き、全問正解出来たら、その画面をプリントアウトしたものを事務局に送れば、「医療アートメイク検定合格証」が発行される。そのうえで私たちの関連施設に何度か見学に訪れることで第二段階が達成される。次いで友人・知人等にお願いして実際に施術させてもらうことが第三の段階となるだろう。そのあとアートメイクを自身のキャリアとしてどう生かすかは努力と熱意次第である。

本書が真面目にアートメイク施術を志す医師や看護師たちの指針となることを願ってやまない。

医療アートメイク検定合格証

様

あなたは医療アートメイク検定を100点満点で合格しました。
医療アートメイクに関する十分な知識を有していることをここに認定いたします。

令和　　年　　月　　日

鶴舞公園クリニック院長
医療アートメイク学会理事
深谷元継

Tsurumai Kouen Clinic

※本書では医学論文に掲載された臨床写真を、美術家の唄ひかるさんに模写してもらう形で引用しました。著作権の侵害にならないようにとの配慮からです。唄さんはこういった仕事であればまた引き受けたいとおっしゃってくださっているので、関心のある方は連絡を取ってみてください。難度や作業時間によって異なりますが、だいたい一枚5千円〜1万円程度とのことです。唄さんのメルアドは　poupee_de_pianette@icloud.com　です。

3

法規

「はじめに」に記したように、本邦ではアートメイクの施術は医行為であり、医師または医師の指示のもとで看護師のみがこれを施術することが出来る。

このことが明示されたのは平成12年（2000年）である。警察庁から厚労省への疑義照会による。以下にその全文を転記する。

○医師法上の疑義について(照会)

(平成12年5月18日) (警察庁丁生環発第110号) (厚生省健康政策局医事課長あて警察庁生活安全局生活環境課長通知)

みだしの件について、下記のとおり疑義があるので貴省の見解を伺います。

記

1 事案の概要

（1） 医師免許のないエステサロン従業員が、医療用レーザー脱毛機器を使用して、両腕、両足、両脇、ビキニライン等身体のムダ毛を脱毛するにあたり、来店した患者を問診する等して体質をチェックした後、施術台に寝かせ脱毛個所を消毒用エタノールで消毒してカミソリで体毛を剃り落としてから、患者の目を保護するためにレーザー専用の紫外線防止眼鏡をかけさせるか目元をタオルで覆う等した後、従業員自身もレーザー専用の紫外線防止眼鏡又はレーザー用ゴーグルをかけてレーザー熱を毛根部分に照射し、毛乳頭、皮脂腺開口部等を破壊して脱毛した後、脱毛部分にアイスゲルを当てて冷やしてから脱毛部分に鎮静効果のあるキシロカイン等の薬剤や化膿止め等の薬剤を患部に塗布する行為を行っている。

（2） 医師免許のないエステサロン従業員が、来店した患者に問診する等して眉、アイラインの形をアイブロウペンシルで整えた後、患者を施術台に寝かせ、電動式のアートマシンに縫い針用の針を取りつけたアートメイク器具を使用して、針先に色素をつけながら、皮膚の表面に墨等の色素を入れる行為をした後、患部をアイスゲルで冷やし、更に鎮静効果のあるキシロカイン等の薬剤、化膿止め薬剤を患部に塗布している。

（3） 医師免許のないエステサロン従業員が、来店した患者に問診する等して施術台に寝かせて、しみ、そばかす、ほくろ、あざ、しわ等の表皮剥離（ケミカルピーリング）を行うに際し、受け皿に入れたAHAピーリング溶剤(フルーツ酸又はグリコール酸)の化学薬品を刷毛で顔全体の皮膚に塗布した後、5～10分位放置して皮膚の酸化状態を見ながらAHAピーリング中和剤を塗布し、クレンジングクリームを塗って剥離した皮膚を拭き取る行為を行っている。

尚、痛がる患者に対しては、AHAピーリング中和剤を塗り、酸化反応を止めて中止しているものである。

2 質疑事項

（1） 事案概要1の(1)について

非医師である従業員が、医療用レーザー脱毛機器を操作して脱毛する行為は医師法に規定す

る医業行為に抵触すると解してよいか。

（2）　事案概要1の(2)について

非医師である従業員が、電動式アートメイク器具を使用して皮膚の表面に墨等の色素を入れる行為は医師法に規定する医業行為に抵触すると解してよいか。

（3）　事案概要1の(3)について

非医師である従業員が、患者の皮膚に発生したしみ、そばかす、ほくろ、あざ、しわ等を除去する為にフルーツ酸等の化学薬品を皮膚に塗布して患部の表皮剥離（ケミカルピーリング）を行う行為は医師法に規定する医業行為に抵触すると解してよいか。

これに対する厚労省の回答は下記である。

○医師法上の疑義について(回答)　（平成12年6月9日）（医事第59号）（警察庁生活安全局生活環境課長あて厚生省健康政策局医事課長通知）

平成12年5月18日付け警察庁丁生環発第110号をもって貴職から照会のあった標記について下記のとおり回答する。

記

(1)～(3)のいずれも、御照会の行為を業として行えば医業に該当する。

さらに翌平成13年（2001年）には厚労省は下記のような通知を発している。

○医師免許を有しない者による脱毛行為等の取扱いについて　（平成13年11月8日）（医政医発第105号）（各都道府県衛生主管部(局)長あて厚生労働省医政局医事課長通知）

最近、医師免許を有しない者が行った脱毛行為等が原因となって身体に被害を受けたという事例が報告されており、保健衛生上看過し得ない状況となっている。

これらの行為については、「医師法上の疑義について」（平成12年7月13日付け医事第68号厚生省健康政策局医事課長通知)において、医師法の適用に関する見解を示しているところであるが、国民への危害発生を未然に防止するべく、下記のとおり、再度徹底することとしたので、御了知の上、管内の市町村並びに関係機関及び関係団体等にその周知を図られるようお願いする。

記

第1　脱毛行為等に対する医師法の適用

以下に示す行為は、医師が行うのでなければ保健衛生上危害の生ずるおそれのある行為であり、医師免許を有しない者が業として行えば医師法第17条に違反すること。

（1）　用いる機器が医療用であるか否かを問わず、レーザー光線又はその他の強力なエネルギーを有する光線を毛根部分に照射し、毛乳頭、皮脂腺開口部等を破壊する行為

（2）　針先に色素を付けながら、皮膚の表面に墨等の色素を入れる行為

（3）　酸等の化学薬品を皮膚に塗布して、しわ、しみ等に対して表皮剥離を行う行為

第2　違反行為に対する指導等

違反行為に関する情報に接した際には、実態を調査した上、行為の速やかな停止を勧告するなど必要な指導を行うほか、指導を行っても改善がみられないなど、悪質な場合においては、刑事訴訟法第239条の規定に基づく告発を念頭に置きつつ、警察と適切な連携を図られたいこと。

　このような背景のもと、その後非医療者によるアートメイクの施術が数多く摘発された。例えば2015年には、皮膚科クリニックでエステティシャンにアートメイクをさせていた医師がエステティシャンと共に逮捕された。クリニックで施術されてはいても、医師本人が施術していなければ医師法17条違反となる。

医師法
第17条　医師でなければ、医業をなしてはならない。
第31条　次の各号のいずれかに該当する者は、三年以下の懲役若しくは百万円以下
の罰金に処し、又はこれを併科する。
一　第十七条の規定に違反した者
二　（略）

　「医業」とは「医行為を業として行うこと」であり「業として行う」とは「その行為を反覆継続して行う」ことである
　また、医師法31条に記されている刑事罰のほかに行政処分がある。この医師は医業停止 2年を課されている。さほど考えることも無く、無資格者にアートメイクの場所貸しをしたのであろうが代償は大きい。
　一方、看護師はアートメイクの施術をすることが出来る。その法的根拠は、保健師助産師看護師法第37条による。

保健師助産師看護師法
第37条　保健師、助産師、看護師又は准看護師は、主治の医師又は歯科医師の指示があつた場合を除くほか、診療機械を使用し、医薬品を授与し、医薬品について指示をしその他医師又は歯科医師が行うのでなければ衛生上危害を生ずるおそれのある行為をしてはならない。（以下略）

　このように看護師は医師の「指示」のもと、一定の医行為をすることが出来る。アートメイクの施術はこの範囲に入ると、現状解釈されている。
　ただし、あくまで医師の指示が必要であり、この場合の「指示」は医師が不在であってはならない。看護師が「医師の指示を得た」からと言って、医師不在の状況で単独で施術したとすれば保健師助産師看護師法第37条違反になる。何かあった場合に看護師のみでは対応できないことを考えると当然と言える。実際に2014年に、看護師が単独でアートメイクを施術して摘発された例もある。

アートメイクを解説するHPなどで「看護師は医師の監督のもと施術することが出来る」と書かれていることがあるが、厳密にはこれは間違っている。指示とは「こうせよと指図（さしず）すること」「手順や段取りを示すこと」であり、監督とは「ある目的達成のために適当か否かを監視し、必要なときには指示・命令などを出すこと」である。指示の方がより強い介入を示す。

なお、準看護師であってもアートメイク施術は出来る。保健師助産師看護師法第五条によれば「看護師」とは「厚生労働大臣の免許を受けて、傷病者若しくはじよく婦に対する療養上の世話又は診療の補助を行うことを業とする者」であり、第六条によれば「准看護師」とは「都道府県知事の免許を受けて、医師、歯科医師又は看護師の指示を受けて、前条に規定することを行うことを業とする者」であるので、指示さえ受ければ行うことの可能な業務内容は看護師と変わらない。

歯科医師はアートメイクを施術できるだろうか？保健師助産師看護師法第３７条を読むと、歯科医師の指示のもと可能なように見えるが、そもそも歯科医師が可能な医行為は、口腔内の歯の治療に限られている。注射などは出来るが、あくまで歯科医業と関連する範囲に留められており、眉やアイラインのアートメイクは歯科医行為とは関連が無いので不可である。

従って歯科医院ではアートメイクは施術できないし、歯科医師の指示を受けても看護師はアートメイクの施術をすることが出来ない。医師法違反となる。

最後にアートメイクとタトゥーの関係をまとめておきたい。「はじめに」で記したように、2020年の最高裁決定で「タトゥーは医行為にはあたらないがアートメイクは医行為である」という前審の高裁判決が支持された。高裁の判断は下記のようである。

> アートメイクの概念は，必ずしも一様ではないが，美容目的やあざ・しみ・やけど等を目立ちづらくする目的で，色素を付着させた針で眉，アイライン，唇に色素を注入する施術が主要なものであり，その多くの事例は，上記の美容整形の概念に包摂し得るものと考えられ，アートメイクは，美容整形の範疇としての医行為という判断が可能であるというべきである。後にみるように医療関連性が全く認められない入れ墨（タトゥー）の施術とアートメイクを同一に論じることはできないというべきである。

「針先に色素を付けながら、皮膚の表面に墨等の色素を入れる行為」としては、アートメイクとタトゥーは同じであるが、アートメイクの場合は「美容整形の範疇」という「医療関連性」が認められる、だから医行為であるという判断である。

これに対してタトゥーは「装飾的ないし象徴的な要素や美術的な意義がある社会的な風俗」であるので「医療関連性」が無く、したがって医行為ではない。

そうすると例えばだが、下図のような装飾的な眉を針と色素で施した場合はタトゥーで、普通の黒や茶色で普通の眉を描いた場合はアートメイクであり医行為であるということになる。

図1　装飾的な眉やアイラインの例。ネット上で見つけた画像（模写）。

　アートメイクが医行為であるとされたのは、行政がアートメイクの安全性管理を医療者の責任として投げかけたということである。それならば、タトゥーが医行為では無いとされた以上は、タトゥー施術に当たっては行政が麻酔や色素をしっかりと管理すべきではないだろうか？

　もともとアートメイクが医行為と解釈されて取り締まられるようになったそもそもの契機は、国民生活センターへのアートメイク後のトラブル相談が多かったからである。今後タトゥーについて同様の相談が増えるようであれば、行政も動き始めるだろう。

麻酔

アートメイクで用いられる麻酔は表面麻酔（外用）であるが、浸潤麻酔（局所注射）が用いられることもある。浸潤麻酔薬にはキシロカイン注射液といった製品があり、眉のアートメイクにはエムラクリームという厚労省で認可された表面麻酔薬があるが、眼瞼縁のアイラインを施術するに当たっては適切な厚労省認可の表面麻酔薬がない。

まずは現状と問題点を記そう。臨床眼科の 2022 年 10 月号に「アートメイクにより角結膜障害を生じた 1 症例」という報告が掲載された。

どのような症例かというと、「40 歳女性。アイラインのアートメイク施術直後の両眼痛と流涙を主訴に来院。矯正視力は右 0.5, 左 0.5 であった。前眼部所見では両眼に角膜びらんを認め、中間透光体および後眼部に異常はなかった。皮膚に使用した外用局所麻酔薬による薬剤性角結膜障害と診断され、0.3％トスフロキサシントシル酸塩点眼（抗菌薬）および 0.1％ベタメタゾンリン酸エステルナトリウム点眼（眼科用ステロイド薬）各 4 回/日にて加療を開始し、1 週間で後遺症なく改善した」とある。

施術に用いられた表面麻酔薬は、商品名 MAGIC という海外製品で、その通販サイトを参照すると、成分としてリドカイン 5％テトラカイン 2％アドレナリン 0.2％と記載がある。それ以外にも防腐剤なり PH 調整剤なりの添加物が加えられている可能性があるが主成分以外の記載は無い。

論文中の症例写真を見ると、下半分の角結膜が白く濁ってフルオレセインでも染色されており、表面に傷が生じている状態であるのが判る。結膜の充血は見られず、アレルギー反応というよりは刺激に対する反応のようにも見える。

考察として「薬剤の危険性を理解していない無資格者によるアートメイクの施術では、今後も同様の眼障害が生じる可能性が考えられる」と書かれているが、有資格者による施術であっても、同じ患者に同じ表面麻酔薬を用いてアイラインの施術が行われればまったく同じ結果が生じたであろう。どうすれば回避できたのであろうか？

答えはもちろん MAGIC のような海外からの個人輸入の表面麻酔薬を使用しないことである。では代替品として何で麻酔すれば良かったのだろうか？

注射薬による眼瞼縁の浸潤麻酔下に行えば安全である。しかし表面麻酔薬で対処は出来ないものであろうか？

ここでまず局所麻酔薬についての基礎知識が必要となる。代表的な薬剤としてリドカインについて解説しよう。なおキシロカインというのはアストラゼネカ社の商品名でリドカインはその一般名である。

実はリドカインには日本薬局方上二つの物質が収載されている。リドカインとリドカイン注射液である。前者は水に不溶性（分子型）であり、後者は塩酸塩として水に可溶化した物質（イオン型）である。

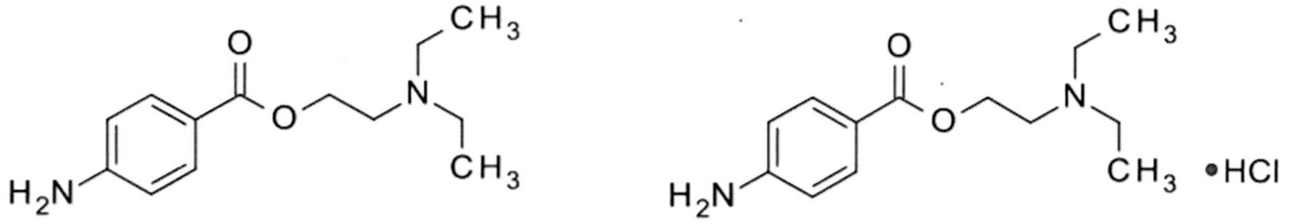

図2 リドカイン（左：分子型）とリドカイン塩酸塩（右：イオン型）の構造式

　健康な皮膚の表面（角層）はpH4.5〜6.0の弱酸性であり、塩酸塩としてイオン化された物質を容易には透過しない。荷電した同士で電気的に反発するからである。

　このことはアスコルビン酸ナトリウム（ビタミンC）を例にあげると納得しやすい。アスコルビン酸ナトリウムもまたイオン型であり、皮膚を透過させるためにイオントフォレーシスで押し込む施術（イオン導入）があることを思い出して欲しい。強い電極棒でもって、角層表面の電荷を乗り越えて分子を押し込んでいる。

　一方、アスコルビン酸をパルミチン酸でエステル化して分子型とすると、電気的に中性になるので吸収されやすくなる。リドカインも塩酸塩では無く分子型のリドカインのほうが、はるかに皮膚から吸収されやすい。

　本邦で唯一厚労省の認可を受けた皮膚への表面麻酔薬であるエムラクリームもまた主成分は分子型のリドカインである。リドカイン塩酸塩では無い。

　ただしこのエムラクリームには、眼瞼縁には用いにくい理由がある。それは製剤のpHが9.2と強アルカリに設定されているからである。

　リドカイン自体は弱アルカリ性の物質であり、エムラクリームはpH調整剤を用いて意図的に強アルカリ性に設計されている。その目的はというと、軟膏基剤がアルカリ性であったほうが、分子型のリドカインが安定するからである（製造元の佐藤製薬学術部に確認済み）。

　もう一点、皮膚の角層のバリアをより透過しやすくする効果もあるかもしれない。角層は強固だがアルカリには弱い。アルカリ温泉で皮膚がヌルヌルするのを経験したことがあるだろう。角層表面が溶けるからである。

　一方で、眼の結膜はアルカリには弱い。これがエムラクリームを眼瞼縁に用いにくい理由である。エムラクリームの添付文書にも「眼に入らないように注意すること。（ウサギの眼粘膜刺激試験において、結膜充血、眼瞼腫脹、角膜損傷等の重度かつ持続性のある刺激反応が認められている。）」という記載がある。

　臨床眼科に報告されたMAGICによる角結膜障害の症例も、アレルギーでは無く製剤のpHによるものであったのかもしれない。

　キシロカイン点眼液（4％）という製剤がある。同じ表面麻酔薬なのだから、これを眼瞼縁に塗り込むことで効果を期待しようと試みた人はいないだろうか？筆者もそう考えた。

　そしてキシロカイン点眼液にカルボキシメチルセルロース（増粘剤）を添加してゲル状にして用いてみたのだが全く効かない。それもそのはずで、キシロカイン点眼液に用いられているのはイオン型のキシロカイン塩酸塩なのである。

キシロカインには他にも注射薬や尿道や気管粘膜に用いるキシロカインゼリーなどの製剤があるが、用いられているのはすべて塩酸塩である。粘膜には角層が無いので塩酸塩であっても十分に透過するし、水溶性のほうが濁りを生じず使い勝手が良いからであろう。

　以上のような理由で、眼瞼結膜に触れる可能性のある瞼縁の皮膚に安全に用いることのできる厚労省認可の表面麻酔薬は、現時点では存在しない。それで海外で用いられている表面麻酔薬に頼ることになるのだが、海外製品は必ずしも全成分表記がなされていないし、製剤の pH などを記したインタビューフォームも提供されていない。

　解決策としてもっとも推奨されるのは、表面麻酔薬の自作である。リドカイン塩酸塩ではなくリドカインを入手して、これを適当な軟膏基剤で練ってやればよい。基剤としていくつか試みたが、プラスチベースを基剤とするのが最適なようだ。プラスチベースは眼軟膏の基剤として頻用されている。

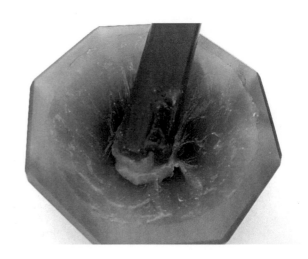

図3　リドカインを重量比 10％でプラスチベースと混和して軟膏を自作したところ。乳鉢で根気よく磨り潰していく。多少白い粒子が残っても麻酔効果は得られる。リドカイン粉末をアルコールに溶かしたうえで混和するなどすれば白い粒子は消えるかもしれないが。粘膜への刺激を考えると何も加えない方が無難と考える。

　リドカインの入手先だが、日本薬局方に収載はされているものの、製薬会社の製品としては提供されてない。こういうことは実はよく経験することで、製薬会社も最終的には営利が目的であるので、商売にならないことはしない。

　もっとも簡単な入手方法は試薬を購入することである。ただしほとんどの試薬会社は、使用目的を研究と限定しており、臨床で人への使用であると聞けば販売を拒むであろう。

　別に試薬会社が販売を拒むからと言って、このような自作軟膏を臨床で用いることが違法という訳ではない。試薬会社は万が一の有害事象に対して責任を負いたくないというだけのことである。理屈で考えると試薬レベルの純度の高いリドカインはむしろ安心できると言える。

　試薬の購入に当たって用途を細かく聞かれることも無いだろうが、もしも追及された場合には、日本薬局方に収載されておりおかしな使い方では無いということと、使用にあたっての責

任は医師個人が負い試薬会社に迷惑はかけないことを十分に説明して了解してもらうしかない
だろう。

色素（総論）

　ほとんどのクリニックは海外からの輸入品の色素を使用しているのが現状と考えられる。そこには二つの大きな問題点がある。滅菌の問題と成分内容の問題である。

　2018年に学術誌に報告された内容によれば、アメリカ合衆国で販売流通しているタトゥーおよびアートメイク用の色素の微生物汚染を調べたところ、85検体中42件で細菌・真菌の汚染が認められた。新品未開封の状態でである。そのうち34件では、人体に有害な病原菌であった（Microbiological survey of commercial tattoo and permanent makeup inks available in the United States J Appl Microbiol 2018 May;124(5):1294-1302）。

　同じ著者による2020年の再調査報告もある（Microbial contamination of tattoo and permanent makeup inks marketed in the US: a follow-up study Lett Appl Microbiol. 2020 Oct;71(4):351-358）。前回の調査で細菌汚染されていた色素42種類から17個、前回汚染が認められなかった43種類から4個が再調査された。結果、前回陰性であった4個からは細菌を検出しなかったが、前回汚染されていた17個からは、11個で再び細菌汚染が確認された。

　このように海外製の色素は新品未開封であったとしても無菌である保証はない。とりあえずの対処法としては、自分で再滅菌することである。

図4　市販の色素の再滅菌の方法の一例。シリンジで色素を吸い出しキャップをした上で高圧蒸気滅菌する。温度変化に伴う体積の変化は内筒が動くことによって対応できる。

　滅菌の問題の次に、成分内容の問題がある。

　世界的に見ると、成分内容の規制に関して2022年12月現在でもっとも厳しいのはEU加盟国である。2022年1月からEUが定めるREACHという規則（Registration, Evaluation, Authorization and Restriction of Chemicals「化学物質の登録,評価,認可,制限」）が適用をアートメイク色素まで拡大された。全成分の表記の義務付けと、リスクの高い物質については使用の禁止、または濃度の上限が定められた。

アメリカではどうかというと、日本の厚生労働省に相当するFDA（Food and Drug Administration. アメリカ食品医薬品局）のHPに、以下のような記述がある。

（1）「いかなる色素添加物も、タトゥーやアートメイク用には認可していない」（No color additives are approved for tattoos, including those used in permanent makeup.）

また、

（2）「FDAはアートメイク色素をpharmaceuticals（医薬品）ではなくcosmetics（化粧品）と考えている」（FDA considers the inks used in intradermal tattoos, including permanent makeup, to be cosmetics.）

（3）「タトゥー用のインクに限らず、ある化粧品で安全性の問題が見つかった場合には、FDAは消費者の被害を食い止めるべく調査して適切に対処する」（When we identify a safety problem associated with a cosmetic, including a tattoo ink, we investigate and take action, as appropriate, to prevent consumer illness or injury.）

（4）「インクに含まれる色素成分は発売前に米国食品医薬品化粧品法にのっとって色素添加物としての承認を得なければならない」（The pigments used in the inks are color additives, which are subject to premarket approval under the Federal Food, Drug, and Cosmetic Act.）

（5）「公衆衛生上の優先順位とエビデンス欠如の観点から、FDAはタトゥー用インクに用いられる色素添加物の規制権限の行使を控えている」（Because of other competing public health priorities and a previous lack of evidence of safety problems specifically associated with these pigments, FDA traditionally has not exercised regulatory authority for color additives on the pigments used in tattoo inks.）

EUの規制に比べるとはるかに緩い。基本的に自己責任でありFDAによる介入は最小限にとどめようという姿勢が窺われる。

実際にFDAの活動を窺い知る資料がある。FDAは1988年から2003年までにアートメイクに関して5件の副作用報告を受けただけであったが、2003年になって150件以上と急増した。これに反応してFDAは原因と考えられる製品の公表を行って注意喚起している（Adverse reactions after permanent-makeup procedures N Engl J Med. 2007 Jun 28;356(26):2753）。

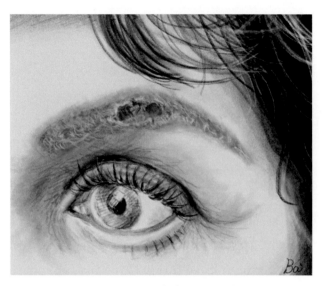

図 5　FDA の 2007 年の報告書で引用されている眉のアートメイク後のアレルギー性接触皮膚炎の症例（模写）。

　日本では、アートメイク色素は医薬品でも医療機器でも無い。筆者が PMDA（医薬品医療機器総合機構）に何に当たるかと問い合わせたところ「雑品」とのことであった。雑品というのは、例えばクリニックの洗面で手を洗ったあとで拭くペーパータオル、あれなどは雑品に当たる。要するにクリニックで使用はするが、医薬品でも医療機器でも無いもの、それらが全て雑品である。筆者が PMDA に問い合わせたのは、アートメイク色素というのは体内に入るものであるので、何らかの規制対象になるのではないかと考えたのだが、どうもそういう訳では無さそうだ。化粧品ですら無いので、アメリカよりもさらに規制が緩いと言える。

　この規制の緩さは、本邦ではアートメイク施術が医行為であるとされていることと関係があるかもしれない。施術する医師が色素についての全責任を負うのであって、厚労省や PMDA は関与しない、そういう意味合いにも取れる。

　EU 加盟国域内で使用されているアートメイク色素であれば、安全であると言えるだろうか？ここに興味深い報告がある。EU の新しい規則で濃度に上限が設けられた保存料が、実際のところどの程度製品に含まれているのかを、イタリアの公的機関が検証した結果である（Quantification of preservatives in tattoo and permanent make-up inks in the frame of the new requirements under the REACH Regulation Contact Dermatitis. 2022 Sep;87(3):233-240）。

　40.6%の色素において、REACH 規制の上限を超える保存料が添加されていた。タトゥー用の色素では 49.5%、アートメイク用色素では 17.9 と、アートメイク用色素の方が少なかった。生産国別では、アメリカ、イタリア、台湾製のものが濃度上限を超えており、ドイツ製のものは大丈夫であった。

　以上のような現状からアートメイク色素の真の安全性を考えたとき、私たちは何を使用すれば良いのだろうか？もしも市販のものを購入するとすれば、2023 年 1 月の時点では、ドイツ製のものが良いということになる。

筆者の場合は安全性の担保された材料を自ら入手して自作するしかないと考えた。市販もしており巻末に広告があるので参照されたい。

　参考までに海外製のアートメイク色素の成分が EU で認可されたものであるのかを確認する具体的な方法を記しておく。

　例えば成分として「成分：レッド 254、グリセリン、イソプロピルアルコール」と書かれたアメリカ製の赤色の口唇用のアートメイク色素があったとする（実際に存在する）。

　「レッド 254」は Google で検索して「pigment red 254」のことだろうと推定できる。

　アートメイク関連の EU 規則は、(EU) No 2020 2081, 　(EC) No 1223 2009, (EC) No 1272 2008 であるので、ネットで検索してまずは PDF 文書として PC にダウンロードする。Acrobat で開いて検索機能を利用するためである。

　ちなみに(EC) No 1272 2008 には一般的な危険物質のリストがあり、(EU) No 2020 2081 にはその許容濃度が記されている。 (EC) No 1223 2009 には「化粧品に使用してはならない物質のリスト」と「化粧品に使用して良い物質のリスト」があり、(EU) No 2020 2081 にはこのリストをアートメイク色素としても適用するという趣旨が書かれている。(EU) No 2020 2081 はさらに特別な物質についての許容濃度をも定めている。例えば水銀については 0.00005 重量%を上限と定めているので、従来赤色色素によるアレルギーの原因の代表として報告されてきた水銀化合物は EU では今後使用することが出来ない。

　Acrobat で各文書を開いて Ctrl+F で検索窓を表示し「pigment red 254」と入力すると、文書中にこの色素についての記述があれば強調表示されるのでそこを読めばよい。念のために pigment red 254 の CAS RN（Chemical Abstracts Service Registry Number）、すなわち 84632-65-5 を調べて同様に検索しておく。 3 文書とも「Adobe acrobat による文書の検索が終了しました。一致するものがありません」と表示されるので記載が無いことが判る。

　すなわち pigment red 254 は EU では positive list にも negative list にも収載されていない色素である。積極的に危険性が喚起されてはいないが、認可もされていない色素ということである。

　アメリカで化粧品に使用することが認められている色素は、FDA の Color Additives Permitted for Use in Cosmetics というサイトで確認できる。ここにも pigment red 254 は収載されていない。FDA は「アートメイク色素を医薬品では無く化粧品と考えている」のだが、このような製品が堂々と販売されていることから考えて、この問題に積極的に介入する気は無さそうである。

　前述したように日本ではアートメイク色素は「化粧品」ですら無い。「雑品」として扱われており、輸入販売も自由だし、いかなる規制にもかからない。アートメイクが医行為とされ、安全性の担保は医療者の判断に委ねられているからである。私たちは「成分が開示されている」というだけで安心して、それがどんな化学物質なのかを調べること無く施術すべきではない。

　他の情報源としては、Contact Dermatitis institute が提供するアレルゲンデータベース（https://www.contactdermatitisinstitute.com/database.php）がある。感作性が臨床的に問題となった物質であれば収載されているだろう。また医学文献の検索サイトである Pubmed（https://www.ncbi.nlm.nih.gov/）で「pigment red 254」を入力して調べるのも良い。

色素（各論）

カーボンブラック

　黒色色素の基本である。炭素の粉末であり、単純な物質ではあるのだが、アートメイクに用いるに当たっては、粒子径の問題と PAH（polycyclic aromatic hydrocarbon, 多環芳香族炭化水素）の問題とがある。

　炭素の粉末と聞いて、多くの医療者は「薬用炭を用いてはどうか」と考えるのではないだろうか？薬用炭（Medicinal Carbon）は日本薬局方に収載されており、薬物中毒の際に内服させて消化管内に残存する薬物を吸着させる目的で用いる。

　しかしそこには粒子径の問題がある。

　薬用炭の粒子径に規定は無いが、目的から考えて活性炭である。活性炭というのは細孔をたくさん有してこの中に薬物を取り込む構造を有する炭素の塊であるから、ある程度の大きさが無くてはならない。その粒子径は小さくても $10\mu m$ 程度と考えられる。このサイズでは粗くアートメイクの細かい線引きには向かない。

　したがって薬用炭ではなく、もっと粒子径の細かい炭素を探す必要がある。だいたい 10nm 程度であれば目的にかなう。

　一般的に流通している原料素材から粒子径の小さなものを探してもよいが、少量であれば自作も可能である。実際に海外の医学論文ではときどき自作方法が記されている。

　その方法はというと、オイルなりろうそくなりに火を灯し、これを金属板にかざして煤を作る。これを集めて微細な炭素粉末とするもので、失明して白濁した角膜をアートメイクで黒く着色する医学論文に記されていることが多い。微細な炭素粉末をどうやって作るかという参考までに知っておくと良いだろう。

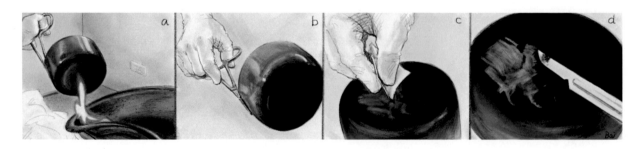

図6　煤からアートメイク用色素を作っているところ。施術の際に都度作成する。Simple and novel technique of using lampblack soot as a corneal tattoo for disfiguring corneal opacities Indian J Ophthalmol. 2021 Dec;69(12):3748-3751 中の図を模写

　次に PAH（polycyclic aromatic hydrocarbon, 多環芳香族炭化水素）の問題である。この問題の背景に触れておこう。

　PAH というのは総称であり、PAH に含まれるいくつかの化合物には発癌性がある。PAH は有機

物が不完全燃焼する際に生成される物質であり、自然界にも広く存在する。しかしながら工業製品、とくに乳幼児が舐めたり咥えたりする可能性のある物に対しては厳しく規制される必要があるとの考えがとくにドイツで強く、2008年以降GSマーク（ドイツの製品安全認証）を受けるに当たっては、発癌性のある代表的なPAHの含有量の測定が義務付けられ、基準値が設定された。

　その後2022年にEUがアートメイク用の色素についての規則を定めており、その中でナフタレン、ベンゾ[a]ピレン、ベンゾ[e]ピレン、ベンゾ[a]アントラセン、ベンゾ[b]フルオランテン、ベンゾ[j]フルオランテン、ベンゾ[k]フルオランテン、クリセン、ジベンゾ[a,h]アントラセンの9物質が明示され、それぞれ0,00005％(重量)以下であることが要求されている(Official Journal of the European Union, 15.12.2020, L423/15)。

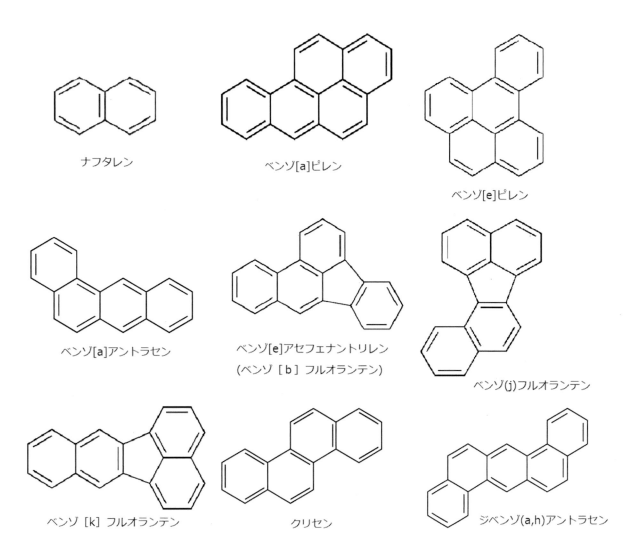

ナフタレン　　　ベンゾ[a]ピレン　　　ベンゾ[e]ピレン

ベンゾ[a]アントラセン　　　ベンゾ[e]アセフェナントリレン
（ベンゾ [b] フルオランテン）　　　ベンゾ(j)フルオランテン

ベンゾ [k] フルオランテン　　　クリセン　　　ジベンゾ(a,h)アントラセン

図7　EUでアートメイク用の色素として規制値が制定されたPAH

　カーボンブラックの製法にはいろいろあるが、上記のようにろうそくの炎を不完全燃焼させるような作製方法においては、PAHが不純物として含有されていてもおかしくない。したがって

「アートメイク色素」としてEUに輸出しようとする製品にカーボンブラックが使用されている場合には、上記のPAHの含有率を確認する必要がある。

　ちなみに煤からカーボンブラックを自作する方法を記した医学文献を紹介したが、これは医師が施術に当たって自作する限りにおいて合法なのであって、もしもこれを製品化してEU圏内で販売しようとすれば、PAHを測定しなければならないということである。

　本邦ではアートメイク色素についての規制はまったく存在しないので、カーボンブラックが原材料として使用されている製品にPAHがどれだけ高濃度に含有されていたとしても、アートメイク用色素として販売することに違法性は無いのだが、逆にそのような無規制の国であるからこそ、アートメイクが医行為として位置付けられたのであり、我々医療者は使用する色素を賢明に選定する必要がある。

酸化鉄

　酸化鉄は、酸化数によって例えば、酸化水酸化鉄（Ⅲ）（Iron（Ⅲ）oxide-hydroxide, $FeHO_2$）は黄色、酸化鉄（Ⅲ）（Iron（Ⅲ）oxide, Fe_2O_3）は赤色など、様々な色調を呈するので色味を出すのに有用である。

　酸化鉄にはアレルギーも発癌性も無い。唯一問題になるのがMRI検査であろう。

　MRI検査における注意点は二つある。一つは画像のアーチファクトの問題（Tattooing of eyelids: magnetic resonance imaging artifacts Ophthalmic Surg. 1986 Sep;17(9):550-3, Mascara and eyelining tattoos: MRI artifacts Ann Ophthalmol. 1989 Apr;21(4):129-31）、もう一つは火傷のリスクである。

　画像アーチファクトは診断上のもので、解剖学的に表面的な部位に留まるので臨床上大きな問題とはならない。知識として知っておく程度で足りる。

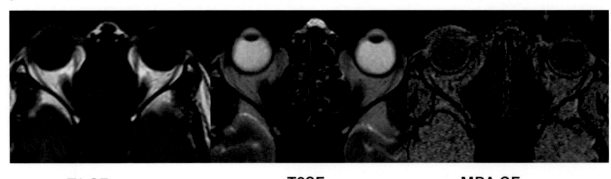

| T1 SE | T2SE | MRA GE |

図8　酸化鉄を含有するアートメイク色素を片方の眉およびアイラインに外用してMRIを撮影した画像。赤矢印のように黒く抜けているのがアーチファクト。

　二番目は火傷のリスクである。なぜ火傷が生じうるかと言うと「ファラデーの電磁誘導の法則」による。導電体に磁石を近付けると渦電流が生じる。電流は熱となり組織に損傷を与える。酸化鉄は導電体であるので、MRIによる強磁場下に渦電流が発生してもおかしくはない。

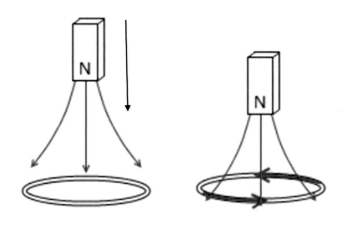

図9　ファラデーの電磁誘導の法則のイメージ

　ファラデーの法則からイメージすると、直観的にはリング状のタトゥーにおいて火傷が生じやすそうである。上下のアイラインがリング状につながっている様な場合には、MRI 検査に当たっては閉眼していた方が無難だろう。

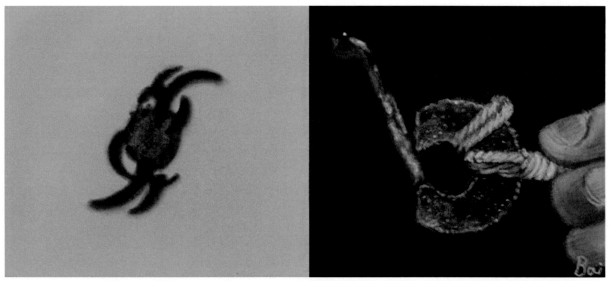

図１０　MRI 検査時の火傷を初めて報告した医学論文（MRI interaction with tattoo pigments: case report, pathophysiology, and management Plast Reconstr Surg. 1997 May；99（6）：1717-20）中の画像の模写。腹部にタトゥーのある患者が MRI 検査を受けた際に「灼熱感を訴え、検査が中断された。タトゥー周りの発赤や腫脹は 12 時間で痕を残さず回復した」とある。タトゥーの形状として複数のリングが含まれている。その後患者の希望でタトゥー部位は切除されたが、皮膚片に磁石を近付けると皮膚片が吸い寄せられた。色素中に酸化鉄などの磁性体が多く含まれていたのであろう。

　MRI 検査によるやけどの報告は、ほとんどの場合が熱感あるいは数時間で消える発赤といった

Ⅰ度熱傷であるが、まれにⅡ度熱傷と報告されているものもある（例：Tattoo-induced skin burn during MR imaging AJR Am J Roentgenol. 2000 Jun;174(6):1795）。Ⅲ度熱傷の報告はない。しかしそもそも、通常の熱傷は外部からの熱源によって体表から深部へと進み、それ故に表皮→真皮→皮下組織という損傷の深さによってⅠ度からⅢ度という分類があるのだが、電磁誘導による発熱の場合は、刺入された色素周囲から熱傷を起こすので、分類自体が役に立たない。色素は通常真皮上層に入っているので、その意味では数時間で消える発赤であっても全てⅡ度熱傷と言えなくもない。

　タトゥー全般を扱ったものではあるが、過去にタトゥーを有する患者が MRI を受けて火傷を生じたという報告をまとめた論文がある（Tattoo complications and magnetic resonance imaging: a comprehensive review of the literature Acta Radiol. 2020 Dec;61(12):1695-1700）。17 例あり、熱傷の深度については、2 例でⅠ度、1 例でⅡ度との記載があり、後遺症を残した症例は無かった。部位的には eyelid（眼瞼）が 5 件あり、アイラインは MRI 検査時のトラブルが多いと考えられた。ただし、症状は、Burning sensation and swelling（灼熱感と腫脹）erythema（紅斑）tingling（ピリピリ感）といった軽微なものであった。眼周りと言うのは、知覚が敏感な部位であるからかもしれない。

　結論として、アートメイクやタトゥーを施された患者であっても、火傷のリスクのために MRI 検査が出来なくなるものでは無いと言える。もしも検査中に違和感があるようであれば、いったん中止し、保冷剤で冷やしながら再検査するといった対応で良いだろう。

酸化チタン

　酸化チタンは白色で黒色色素に添加すれば灰色になり、また赤・黄色色素と混ぜることで肌色に近い色にもなる。グラディエーションやマイルドな色調を演出するためにアートメイク用色素に添加されることが多いが、二つの大きな問題を抱えている。

　一つは Paradoxical darkening である。アートメイクやタトゥー部位にレーザー光を照射すると黒変する現象で、古いアートメイクの痕跡や眉付近のしみをレーザーで除去しようとしたらかえって黒変してしまったという経験をした医師は多いのではないだろうか。

　実は酸化鉄でも Paradoxical darkening は生じるのだが、酸化鉄と異なり酸化チタンは元が白色なので変化が大きい。そのためより問題となりやすい。

　Paradoxical darkening を生じたときの治療としては、小範囲であれば炭酸ガスレーザーでほくろを除去するように蒸散するのが良い。黒変は照射直後に明らかなので、アートメイクが施された近傍へのレーザー照射に当たっては、まずテスト的に one spot 照射して確認するよう心掛けるべきだし、もしも黒変してしまった場合には、速やかに炭酸ガスレーザーでその部を削り取ることが問題を複雑にさせずに済む。もしも広範囲に黒変を生じてしまった場合には、引き続きレーザー治療を繰り返せば、黒色の tattoo を除去するのと同じ要領で治療できる。

図11　Paradoxical darkening の例。眉尻部分の古いアートメイクをレーザーで除去しようとしたものと推察される。Treatment of Cosmetic Tattoos: A Review and Case Analysis Dermatol Surg. 2018 Dec;44(12):1565-1570 の症例写真の模写。

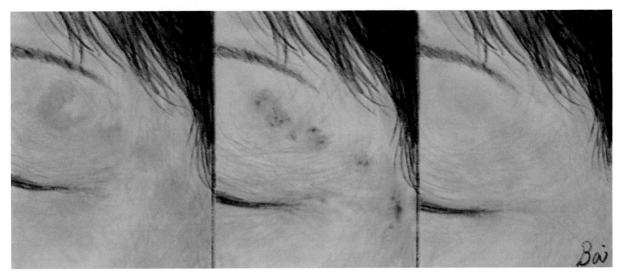

図12　脂漏性角化腫にアレキサンドライトレーザーを照射したところ、以前カモフラージュのために肌色アートメイクを施していた部が黒変してしまったという症例。その後炭酸ガスレーザーで治療（Carbon Dioxide Laser Correction of an Occult Camouflage Tattoo Unintentionally Darkened by Q-Switched Laser Exposure. Dermatol Surg. 2015 Sep;41(9):1091-3）。

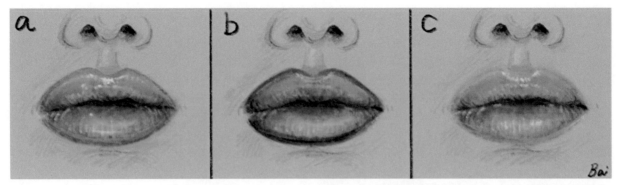

図１３　口唇のタトゥー除去の目的でQ-YAGレーザー（532nm）を照射したところ辺縁のみ黒色化した例。引き続き 1064nm 波長のレーザーの３回照射によって（ c ）のように良好な結果を得た（ Q-switched Nd:YAG laser for cosmetic tattoo removal Dermatol Ther. 2019 Sep;32(5):e13042.）

　酸化チタンのもう一つの問題は光触媒活性である。実験室レベルではあるが、線維芽細胞に二酸化チタンを加え紫外線と可視光線を照射することで、光細胞毒性が確認されている（Photocytotoxicity in human dermal fibroblasts elicited by permanent makeup inks containing titanium dioxide J Cosmet Sci. 2011 Nov-Dec;62(6):535-47）。

　アートメイク部位に光誘発性肉芽腫が生じることがあるが、その原因として、二酸化チタンが光触媒として働き、別のアゾ色素などからヒドロキシラジカルを生成させ、これが光アレルギーの原因となる可能性を考察した論文がある（Photoinduced granulomatous reaction of cosmetically tattooed lips J Cosmet Dermatol. 2020 Dec;19(12):3423-3425）。アレルギー反応のリスクを避けたいという観点からも、酸化チタンを含有する色素には注意が必要である。

アゾ色素

　アゾ色素とはアゾ基 R-N=N-R' で２つの有機基が連結されている有機化合物の総称である。自然界には存在せず人工的に合成される。世の中には様々な色素があるが、登録されている７０００種類のうち、約４０００種類がアゾ色素であると言われている。私たちが普段着ている服のプリントなどもほとんどがアゾ色素による。

　色調が鮮やかであり多様なので、アートメイク色素にも添加されることが多いが、いくつか問題がある。発癌性の問題と、アレルギーの問題と、退色の問題である。

　この三つの問題は実は根底は同じである。それは、アゾ色素が酵素（アゾレダクターゼ）や光によって化学変化や分解するという点にある。アートメイクが施術直後は綺麗な色調で仕上がっていても、数年のうちに緑や赤に変化してしまうという経験に悩まされたことは無いだろうか？色素に含有されていたアゾ色素が化学変化し退色したことが原因である。

　過去に非医療者が施術していた時代には、例えば緑に変化したのであれば補色である赤紫をタッチアップで施術すれば良いという単純な考え方でアゾ色素を追加していたものだが、医療アートメイクの時代においては、それだけで済まされない。

　例えば、アシッドレッド 114 という赤色のアゾ色素は、還元分解されると発癌性をもつ 33 ジ

メチルベンジジンに変化する。アゾ色素の 5％程度が、このような分解により発がん物質を生成すると言われている。

　さらに問題なのはアレルギーである。タトゥー色素によるアレルギー反応を疑われた患者に対して、その色素でパッチテストしたが陰性であり原因の特定が出来なかったという症例は非常に多い（Patch test study of 90 patients with tattoo reactions: negative outcome of allergy patch test to baseline batteries and culprit inks suggests allergen(s) are generated in the skin through haptenization Contact Dermatitis. 2014 Nov;71(5):255-63）。

　分解される前の物質に発癌性が無くても分解されたあとの物質には発癌性が生じるのと同じように、分解される前のアゾ色素でアレルギーが起きなくても分解後の物質に対してアレルギーが成立する可能性がある。アゾ色素のような体内で代謝されて変化してしまう物質について、アレルギー対策として事前にパッチテストを行って陰性を確認したとしても安心はできない。

　アゾ色素は、化粧品材料としては普通に用いられており、アメリカの FDA によって認可されていることを理由に安全性をアピールする業者もいる。しかしそれは皮膚表面に付着して分解されていない状態、すなわち短時間で洗い流すことを想定した用法においてである。皮内に注入して長時間留置され、酵素や光によって分解された産物によってアレルギーが生じた場合には厄介な合併症となる。

　あくまで個人的な見解であるが、酸化チタンやアゾ色素を含んだ色素は、アートメイクに不向きであると筆者は考える。鮮やかな発色や微妙な色調にこだわりすぎるあまり、医療アートメイクの本分を忘れないようにしたいものである。

合併症と対策

眼球への針刺し

図１４はアイラインの施術の際に眼球に針を刺してしまった症例である。深さが結膜を超えて強膜に達するとこのように結膜浮腫に加えて血管拡張が見られる。抗生剤とステロイドの点眼で約６週間後には治まったが白目への色素沈着は残った。

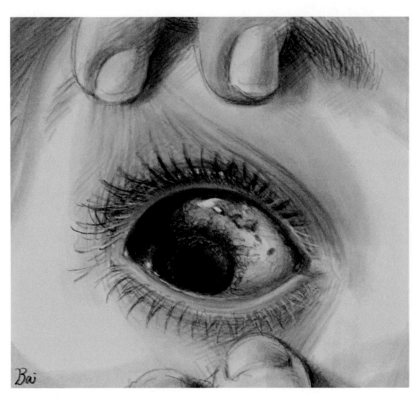

図１４　Full-thickness eyelid penetration during cosmetic blepharopigmentation causing eye injury. J Cosmet Dermatol. 2008 Mar;7(1):35-8 の症例写真の模写。

図１５も同じく白目を誤針して色素が沈着してしまった症例で、整容的な観点から眼科にてダイヤモンドバーを用いて削り取ったとのことである。施術直後に疼痛などの症状はまったく無く、色素沈着だけが気になったとあるので、比較的浅い層で色素がとどまったケースであろう。

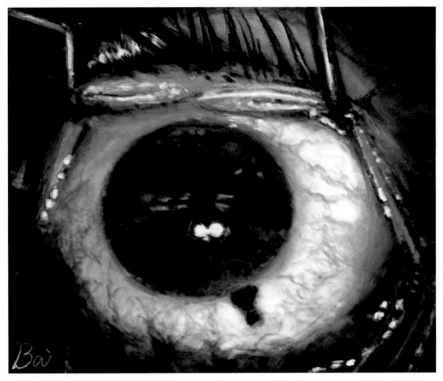

図１５　Inadvertent pigmentation of the limbus during cosmetic blepharopigmentation. Cornea. 2009 Jul;28(6):712-3 の症例写真の模写。

　針が強膜を貫通してしまうと、裏側の網膜を傷つけてそこから網膜剥離が生じうるし、硝子体全体に炎症が及んで全眼球炎を引き起こす。そうなると失明のリスクが高いので、万が一針刺し事故が生じた場合には速やかに眼科を受診させなければならないし、日頃から眼科医と連携を取っておくのが望ましい。

マイボーム腺の閉塞
　睫毛の内側にはマイボーム腺があり、アイラインを綺麗に仕上げようとする余りこの部位にアートメイクを施すと、腺の開口部を損傷して閉塞を来たし、ドライアイの原因となることがある。図１６は残存する黒色色素と、開口部が閉塞して拡張したマイボーム腺（黄色い小腫瘤）である。

図１６　A Case of Meibomian Gland Dysfunction after Cosmetic Eyelid Tattooing Procedure. J Korean Ophthalmol Soc. 2013 Jan; 54(8):1309-13 の症例写真の模写。

ファンニング

　ファン（fan）＝扇であり、下眼瞼縁のアイラインの施術をした後に、色素が扇状に流れて広がってしまう現象をいう。色素が真皮乳頭層を超えて深く（約 1.5mm と言われる）入ってリンパ行性に流れることで生じると言われている。図１７は右側のみでファニングが生じてしまった例。この症例はQスイッチアレキサンドライトレーザー（7.5J/cm2）を８回繰り返して治療された。色素沈着した皮膚を切除し植皮することで治療された例もある（Extensive lower eyelid pigment spread after blepharopigmentation. Ophthalmic Plast Reconstr Surg. 1999 Nov;15(6):445-7）。

図１７　Complications of eyelash and eyebrow tattooing: reports of 2 cases of pigment fanning. Cutis. 2001 Jul;68(1):53-5 の症例写真の模写

感染症

　本邦での 2021 年の報告で、眉 1188 例とアイライン 243 例の合併症を集計したところ、眉で 7 例（0.6%）の感染症が生じていた（Complications of permanent makeup procedures for the eyebrow and eyeline. Medicine (Baltimore). 2021 May 7;100(18):e25755）。論文中での言及は無いが、海外製の色素を再滅菌することなく使用している施設が多いのが一因であろう。前述したような小分けして再滅菌してから使用するという過程を経れば、さらに発症率は下がるはずである。

　通常の抗生物質で効かない感染症の一つに非定型抗酸菌症がある。タトゥーにおける非定型抗酸菌症の症例報告は多い。感染源はインクあるいは希釈に用いた水であり、未開封のインクから原因菌が同定されたという報告も存在する（Outbreak of Tattoo-associated Nontuberculous Mycobacterial Skin Infections Clin Infect Dis. 2019 Aug 30;69(6):949-955, Tattoo-Associated Nontuberculous Mycobacterial Skin Infections—Multiple States, 2011-2012. MMWR Morb Mortal Wkly Rep 2012;61:653-6）。

　これは製造段階でインクが汚染されていたということを意味する。アメリカの FDA はタトゥーやアートメイクの色素の滅菌を義務付けてはいない。繰り返しになるが、アメリカなど海外製の色素を使用する際には前述したような方法で医師が責任を持って滅菌すべきであろう。

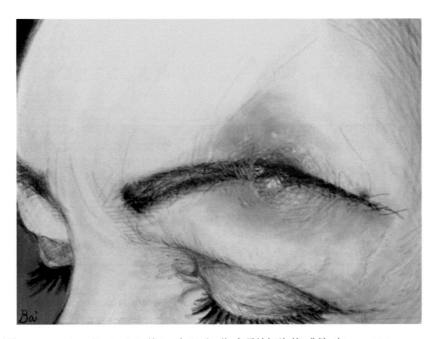

図18　アートメイク後に生じた非定型抗酸菌感染症。A Chinese tattoo paint as a vector of atypical mycobacteria-outbreak in 7 patients in Germany. Acta Derm Venereol. 2011 Jan;91(1):63-4. の図の模写。

アレルギー

パッチテストの陽性率は非常に低い。それは色素がハプテンとして皮内の蛋白質と結合したり、光化学反応や酵素によって変化した後の物質がアレルゲンとなったりするためと考えられる（Patch test study of 90 patients with tattoo reactions: negative outcome of allergy patch test to baseline batteries and culprit inks suggests allergen(s) are generated in the skin through haptenization. Contact Dermatitis. 2014 Nov;71(5):255-63）

　アレルギー反応の臨床像・組織像としては、肉芽腫（Granulomatous reaction）、苔癬型反応（lichenoid reaction）、偽性リンパ腫（Pseudolymphomatous reaction）、蕁麻疹（Hypersensitivity reaction）がある（Cutaneous allergic reactions to tattoo ink J Cosmet Dermatol. 2009 Dec;8(4):295-300）。前3つは臨床像からは判別しにくい。

　アートメイクの合併症としてのアレルギー反応は、通常の化粧品による接触皮膚炎とはまったく異なる様相を呈する。皮膚に接触して洗い流すことの出来る化粧品と、皮内に長期間存在する色素との違いによる。

　アレルギーに関してはもう一つ見落としやすい問題がある。それは後日レーザーで色素を除去しようとしたときに現れるもので、色素が分解されて粒子が細かくなることが関係している。

　分解されて細かくなった粒子は所属リンパ節へと流れる。タトゥーをQスイッチレーザーで除去したのち所属リンパ節の腫脹を来すことがあり（Transient immunoreactivity after laser tattoo removal: report of two cases Lasers Surg Med. 2008 Apr;40(4):231-2）、さらには遅延型あるいは即時型のアレルギー症状が全身に現れることがある（Immediate cutaneous hypersensitivity after treatment of tattoo with Nd:YAG laser: a case report and review of the literature Ann Allergy Asthma Immunol. 2002 Aug;89(2):215-7, Allergic reactions to tattoo pigment after laser treatment Dermatol Surg. 1995 Apr;21(4):291-4）。

　アートメイクやタトゥーにQスイッチレーザー照射することで色素は決して消滅してしまうわけではない。破壊されてより小さな粒子となり、あるいはレーザー光のエネルギーによって別の化学物質に変化した後に、リンパ行性に全身を巡る。最終的に排泄されるものもあるだろうが、リンパ節その他の組織に沈着して留まるものもある。

　従って、とくにアレルギーが疑われる症例において、アートメイクの色素をとりあえず消そうとQスイッチレーザーを照射することは、かえって全身性のアレルギーを誘起して問題をややこしくする可能性がある。

　アレルギー治療の原則はアレルゲンの除去であり、色素を体外に排出させようという発想は正しいのだが、方法としてはQスイッチレーザーではなく、外科的切除やCO_2レーザーによる蒸散、フラクセルレーザーによる排出促進（Treatment of tattoo allergy with ablative fractional resurfacing: a novel paradigm for tattoo removal J Am Acad Dermatol. 2011 Jun;64(6):1111-4）といった方法が望ましい。

　また、口唇のアートメイクのアレルギーを疑われる患者が、3回コロナワクチンを接種したのだが、そのたびに皮疹が悪化したという症例報告がある（Allergic reaction to red cosmetic lip tattoo with possible exacerbations after SARS-CoV-2 vaccination. J Eur Acad Dermatol Venereol. 2022 Sep;36(9):e672-e673）免疫反応の増強がアレルギー反応にも影響を及ぼした

のかもしれない。

サルコイドーシス

　アートメイク部位にサルコイドーシスまたはサルコイド反応を生じてくることがあり、理由は不明だが日本での臨床報告が多い。典型的な皮疹は肥厚性瘢痕様に平坦に隆起してくるというものだが、施術部位以外にも病変が広がることもある。

　鑑別すべきは、色素によるアレルギー反応、偽性リンパ腫、抗酸菌や真菌の感染症であり、皮膚生検によって非乾酪性類上皮細胞性肉芽腫を確認して、培養や分子生物学的手法で感染症を除外することで診断される。

　諸臓器に同様の肉芽腫が生じてくる全身性サルコイドーシスという病態があるので精査が必要となるが、アートメイク部位の皮疹が初発で、後に全身性サルコイドーシスへと進展する場合もあるので（Intermediate Uveitis Associated with Tattooing of Eyebrows as a Manifestation of Systemic Sarcoidosis: Report of Two Cases.　Ocul Immunol Inflamm. 2021 Jul 4;29(5):902-905.）、諸臓器に病変が確認されなかった場合でも十分な経過観察が必要である。

　「ケブネル現象」という皮膚科用語がある。外的な刺激によって皮疹が誘発される現象を言い、サルコイドーシスにはケブネル現象がある。アートメイクという針を刺す施術部位に一致して皮疹が生じることは、まさにこのケブネル現象の結果である可能性がある。

　その一方で、サルコイドーシスの患者にアートメイクは禁忌であるかというと、必ずしもそうでもない。2018 年に様々な皮膚疾患や全身疾患のある人にタトゥーを施すリスクについてまとめられた論文が発表された（A Practical Guide About Tattooing in Patients with Chronic Skin Disorders and Other Medical Conditions Am J Clin Dermatol. 2018 Apr;19(2):167-180）が、サルコイドーシスは禁忌とはされていない（"Sarcoidosis is not a strict contraindication for tattooing."）。ケブネル現象というリスクがあるとは言え、必ず皮疹が誘発されるわけではないからと考えられるが、十分な説明と同意が必要だろう。サルコイドーシスの患者は自身の診断名を知ってはいても、ケブネル現象について必ずしも知ってはいないからである。

　ケブネル現象を示す皮膚疾患としては他に乾癬などがある

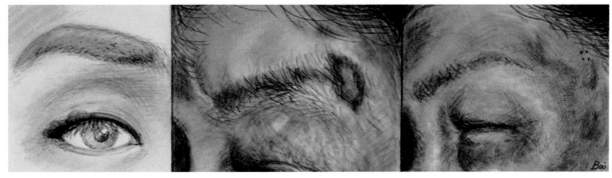

図１９　サルコイドーシスまたは皮膚サルコイド反応の様々な皮疹。左：「アートメイクにより皮膚サルコイド反応が多発してみられ肺門リンパ節が腫脹した 1 例」臨床皮膚科 71（4），

307-312, 2017、中：「アートメイクによって形成された皮膚サルコイド反応」皮膚病診療 35 (2),
193-196, 2013、右：「アートメイクによる皮膚サルコイド反応と考えられた例皮膚病診療」 35
(2), 193-196, 2013 各論文中の写真の模写。

　アートメイクのあとで生じてきた皮疹がアレルギーなのか感染症なのかサルコイドーシスな
のかリンパ腫なのかは、皮膚科医であっても臨床像だけからは鑑別しにくい。施術をする医師
や看護師は必ずしも皮膚科が専門では無いので、疑わしいケースに出会った場合には、専門医
あるいは大学病院などに紹介状を書けば済む話ではあるのだが、診断と治療がどのような流れ
で行われるのかの概略は把握しておくべきであろう。アルゴリズムをまとめた論文があるので
紹介したい（Diagnostic Approach for Suspected Allergic Cutaneous Reaction to a Permanent
Tattoo J Investig Allergol Clin Immunol. 2019;29(6):405-413.）。ただしあくまで一つの
考え方であってもちろんこのアルゴリズムが絶対というわけではない。

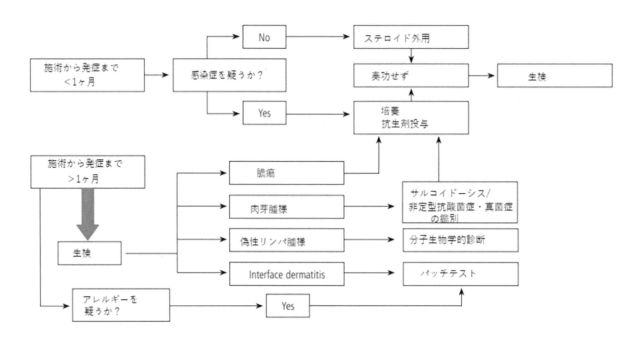

　図２０　タトゥーに皮膚病変が生じた場合の対処のアルゴリズム

　施術から発症までが一か月以内と短い場合はまずアレルギーまたは感染症を疑う。膿疱の形
成など感染症の兆候があれば抗生剤投与、痒みなど接触皮膚炎様であればステロイド外用剤で
様子を見る。奏功しない場合には皮膚生検を行う。
　発症までに一か月以上を経ている場合は、まずは生検を行う。痒みや湿疹様の外観など、ア
レルギーを疑う場合には陽性率は低いものの一応パッチテストも試みる。
　組織検査で肉芽腫様であった場合には、抗酸菌や真菌の可能性を考えて特殊染色にて確認す
る。同時にサルコイドーシスの可能性を考えて全身検索を行う。
　このように進めても肉芽腫形成の原因が不明なことは珍しくない。「アートメイク（または

31

タトゥー）後の肉芽腫反応」として時々症例報告される。

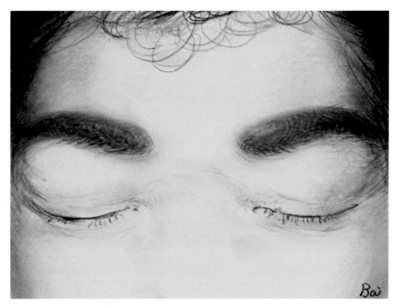

図21　肉芽腫反応の一例（Granulomatous tissue reaction following cosmetic eyebrow tattooing J Dermatol. 1991 Jun;18(6):352-5.）

単純ヘルペス

　口唇のアートメイクが単純ヘルペスの再発の誘因となった可能性を指摘する症例報告がある（Activation of Herpes Simplex Infection after Tattoo. Acta Dermatovenerol Croat. 2018 Apr;26(1):75-76.）。

皮膚癌

　アートメイク色素は前述のようにPAHといった発癌物質を不純物として含んでいることがあり、またアゾ色素の一部のように体内で発癌物質に変化することもある。実際にアートメイク部位に皮膚癌は生じやすいのだろうか？

　タトゥー部位に皮膚癌を生じたという症例報告は多い。2012年に過去の文献から50症例をまとめた総説（Tattoos, inks, and cancer. Lancet Oncol. 2012 Apr;13(4):e161-8.）によれば50症例のうち23例が有棘細胞癌とケラトアカントーマ、16例が悪性黒色腫、11例が基底細胞腫であった。しかしこれらはあくまで症例報告であり本当にリスクが高いかどうかは分からない。

　2020年にアメリカのニューハンプシャーでなされた疫学研究によれば、タトゥーを施された部位では基底細胞癌の発症リスクが高いことが示された（Cosmetic Tattooing and Early Onset Basal Cell Carcinoma: A Population-based Case-Control Study from New Hampshire. Epidemiology. 2020 May;31(3):448-450.）。黄色や緑の色素で発癌リスクが高く、黒色では比較対象との差は無かったようである。

　タトゥーやアートメイクの部位に皮膚癌が生じやすいという臨床的実感は無い。しかしなが

ら厳密に対照を設定した疫学研究においてはリスクが浮かび上がるということなのかもしれない。

アナフィラキシーショック

　アナフィラキシーショックは決してアートメイクに限らず、薬剤を用いる施術においては頻度は多くは無いものの生じうるものであり、ここで特記する話でもないのだが、再確認と注意喚起のために付記しておく。症例報告は多くは無いが、それは医学的記録として残すほど新しい内容では無いという判断によるのかもしれない。一応引用しておくと"Anaphylactic reaction to permanent tattoo ink. Ann Allergy Asthma Immunol. 2009 Jul;103(1):88-9" "From the Tattoo Studio to the Emergency Room. Dtsch Arztebl Int. 2016 Oct 7;113(40):672-675"などがある。

　アナフィラキシーショックの診断と治療については、日本アレルギー学会の「アナフィラキシーガイドライン2022」を参照されたい。
https://anaphylaxis-guideline.jp/wp-content/uploads/2022/12/anaphylaxis_guideline2022.pdf

　要点は二つあって、迷走神経反射との鑑別と、アドレナリンの常備である。
前者については脈拍数を確認すると良い。迷走神経反射であれば徐脈であるので、頭側を下げたトレンデレンブルク体位にして、安心させるように話しかけるなどして対応する。このために施術台は頭側が下がるものが望ましい（必須では無い）。

　頻脈であれば、アナフィラキシーの可能性を考えて、迷わずアドレナリンを体重 kg 当たり0.01mg（体重50 kgの人で0.5 mg）筋注する。アドレナリンについてはシリンジにプレフィルドされた製剤であっても1本数百円と安価にも関わらず、常備していないクリニックが多いのではないだろうか？使用せずに期限切れになることも多いだろうが、薬剤を用いる施術を行う限りは必需品である。

医療アートメイク検定で知識のおさらいをしましょう。

http://pr2.work/0/医療アートメイク検定

こちらのサイトで本書の知識のおさらいができます。

全問正解できたら、その画面をプリントまたはダウンロードして、検定料（1万円）とともに事務局に送付してください。認定証を発行します。

証書不要で、単に知識のおさらいをしたいという方は、無料で何回でもチャレンジできます。

ご活用ください。

広告

　株式会社深谷では国産の安全なアートメイク用色素を販売しています。カーボンブラック中に含まれる PAH（多環芳香族炭化水素）についても濃度を測定し、EU の規制をクリアしていることを確認しています。

　色調は黒・濃茶・茶・赤茶・赤が用意されており、粉末色素を加えて好みの色目や粘度にさらに調整することも可能です。

　滅菌済で少量個別包装ですが、必ずしも一回分というわけではなく、清潔操作が保たれていれば、複数回使用しても構いません。

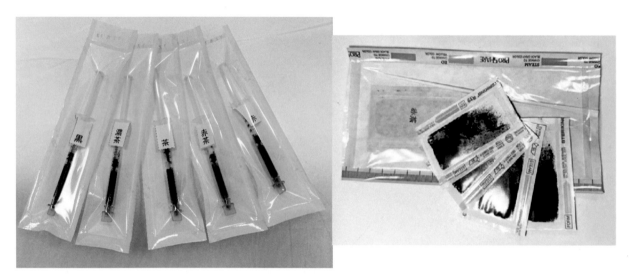

個別包装のうえ滅菌されたアートメイク用色素（左）と粉末色素（右）

　使い方は下図の通りで、同じ色の粉末を加えれば粘度を濃くなって細い線を描きやすくなりますし、違う色を混ぜることで好みの色味に調整も可能です。

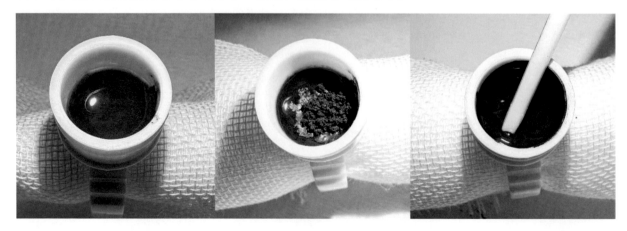

茶色色素（左）に黒色粉末を加えて（中）混和したところ（右）。

下記サイトからご購入下さい。

http://fukaya.shop-pro.jp/?pid=117834468

医療アートメイク教本

2023年4月1日　　初版発行

鶴舞公園クリニック院長
医療アートメイク学会理事
著　者　　**深谷　元継**

発 行 所　　株 式 会 社　　三 恵 社
〒462-0056 愛知県名古屋市北区中丸町2-24-1
TEL:052(915)5211
FAX:052(915)5019
URL:http://www.sankeisha.com

ISBN978-4-86693-758-8